MC SIERPE

La Huella del Waracuy

Fernando Freire Forga

MONTE SIERPE

La Huella del Waracuy

Fernando Freire Forga

© **Fernando Freire Forga**, 2025

Todos los derechos reservados.

Prohibida la reproducción total o parcial de este libro, en cualquier forma o por cualquier medio, sin autorización expresa del autor.

Primera edición, 2025

ÍNDICE

PRÓLOGO
El misterio en la arena y la intuición de una verdad que respira bajo el polvo

INTRODUCCIÓN
La huella que habla

CAPÍTULO I
La Serpiente en la Montaña

CAPÍTULO II
El Ritual de los Huecos

CAPÍTULO III
La Piel del Waracuy

CAPÍTULO IV
Los Tres Planos del Waracuy

CAPÍTULO V
El Ritual del Movimiento

CAPÍTULO VI
El Sentido Ascendente del Monte Sierpe

EPÍLOGO
La huella que permanece

SOBRE EL AUTOR

PRÓLOGO

"El misterio en la arena y la intuición de una verdad que respira bajo el polvo"

Hay lugares donde la tierra parece guardar un secreto, no porque lo oculte, sino porque lo dice en un idioma que olvidamos. Monte Sierpe, con sus miles de huecos ascendiendo por el cerro de Humay, en Pisco, es uno de esos lugares donde el silencio habla más que las teorías.

Durante casi un siglo, los investigadores han intentado descifrar su enigma con la rigurosidad que exige la ciencia y con la fascinación que provoca lo inexplicable. Se ha dicho que fue un cementerio, un observatorio, un calendario o una obra hidráulica. Pero lo cierto es que ninguna explicación logra contener del todo su misterio. Y quizá ese sea su mayor valor: **que aún no puede ser reducido a una sola verdad.**

Este ensayo nace precisamente desde esa frontera entre el saber y la intuición. No busca reemplazar la mirada académica, sino **recordarle su raíz humana**: el asombro. Porque el asombro fue la primera forma de conocimiento que tuvo la humanidad. Antes de medir, clasificamos con la emoción; antes de excavar, miramos con la curiosidad de quien reconoce algo sagrado.

Monte Sierpe es un espejo de esa antigua relación entre el hombre y la tierra. Cada hueco parece una respiración, cada tramo una palabra perdida, como si quienes lo construyeron hubieran querido dejar grabado el pulso de su propia existencia.

En tiempos donde todo se interpreta en clave de utilidad o espectáculo, la arqueología corre el riesgo de olvidar lo más fascinante: **la profundidad de lo real.** El afán por descubrir "lo extraordinario" a veces hace invisible lo verdaderamente maravilloso, que es la simple capacidad humana de dejar huella.

Por eso, este texto propone otra lectura: una mirada que no se apoya solo en la evidencia material, sino también en la comprensión simbólica, emocional y cultural del acto de construir. Una mirada que acepta que, a veces, **la verdad más hermosa no está en lo que encontramos, sino en cómo miramos.**

Monte Sierpe no es un enigma que deba resolverse:

es una conversación que debe continuarse. Una voz antigua que nos recuerda que el hombre no vino a dominar la tierra, sino a dialogar con ella.

Y en ese diálogo —hecho de polvo, de esfuerzo y de silencio— quizás encontremos, por fin, no una respuesta, sino el eco más profundo de lo que fuimos.

INTRODUCCIÓN

"La Huella que Habla"

En el desierto de Pisco, donde el viento arrastra siglos de polvo y los cerros guardan memorias sin nombre, yace una serpiente inmóvil. No es un mito ni una figura dibujada con pigmentos: es un trazo vivo sobre la piel de la tierra. Más de cinco mil huecos escalonados suben y bajan por las laderas de Monte Sierpe, formando un geoglifo que desconcierta tanto por su tamaño como por su sentido.

Fue el aviador y fotógrafo **Robert Shippee**, en 1933, quien la reveló al mundo desde el aire. Su lente captó una secuencia de marcas que se extendían por más de un kilómetro y medio, oscilando entre ocho y diecisiete metros de ancho. Desde entonces, arqueólogos, astrónomos y curiosos han buscado su significado. Pero el enigma, lejos de aclararse, se profundizó.

Algunos vieron en sus cavidades un antiguo **cementerio**; otros, un **almacén ritual** o un **observatorio astronómico**. Se habló de alineaciones con la Vía Láctea, de canales de agua, de tumbas o depósitos. Todas hipótesis razonables, todas incompletas. Porque hay algo en Monte Sierpe que se resiste a ser explicado con los métodos convencionales: **una coherencia invisible**, una lógica que no se mide por utilidad sino por intención.

Quizás el error no esté en lo que se ha dicho, sino en **cómo se ha mirado.** Durante décadas, el discurso académico ha buscado reducir cada hallazgo a un propósito funcional o a una cosmovisión religiosa, como si el misterio no pudiera tener su propio valor. Pero Monte Sierpe podría hablarnos de otra cosa: de un acto humano en estado puro, un gesto colectivo que mezcla trabajo, fe, tiempo y belleza sin la necesidad de una justificación práctica.

Imaginar que cada hueco fue cavado por manos distintas, en momentos distintos, permite vislumbrar algo profundamente humano: **la construcción de una identidad a través del esfuerzo compartido.** Quizás los pobladores de antiguos caseríos de Humay, impactados por los deslizamientos del cerro o los flujos del agua que permiten los huaicos, cavaron esos huecos como parte de un ritual de equilibrio — una ofrenda simbólica para apaciguar la fuerza de la naturaleza o para apropiarse de ella con respeto.

Así, el geoglifo no sería una obra para "mostrar", sino un acto para **recordar**. Un diálogo entre el hombre y la tierra, donde cada vacío no representa ausencia, sino presencia espiritual. Porque en esos huecos pudo depositarse no un objeto, sino una intención: una plegaria, una promesa o una esperanza.

Este ensayo nace de esa intuición: la de **reconciliar el pensamiento científico con la sensibilidad humana**, devolverle humanidad al enigma y profundidad al asombro. Monte Sierpe no necesita ser explicada para ser comprendida; necesita ser mirada con los ojos de quienes la hicieron: personas que no separaban el trabajo del alma, ni la materia del espíritu.

Quizás esa sea su verdadera lección: que la huella más duradera no siempre se deja sobre la piedra, sino sobre la memoria colectiva de quienes aún buscan entender por qué seguimos cavando, generación tras generación, en la arena del tiempo.

Una lectura simbólica del recorrido serpenteante

Entre las múltiples interpretaciones que Monte Sierpe permite, destaca una que surge de la relación profunda entre territorio y espiritualidad en las culturas andinas. La cinta de huecos que asciende desde el río hacia los sectores altos puede entenderse también como un posible recorrido ritual: una metáfora del tránsito entre la vida y la muerte, inscrita directamente en la tierra.

Este sendero perforado no sería solo un patrón geométrico, sino la representación de un viaje: nacer en el agua, caminar en la superficie, partir hacia la altura. Una lectura coherente con una cosmovisión donde la muerte no significa ruptura, sino continuidad.

Con esta posibilidad en mente, el estudio de Monte Sierpe se abre a nuevas preguntas y a una comprensión más amplia de su sentido cultural y humano.

CAPÍTULO I

La Serpiente en la Montaña

Desde el aire, el cerro parece tener un pulso propio. Las sombras se estiran sobre la arena y dejan ver una secuencia de huecos que ascienden y descienden con precisión. No son líneas, ni muros, ni figuras pintadas: son marcas excavadas con regularidad casi matemática, extendidas a lo largo de más de un kilómetro y medio. Así se revela **Monte Sierpe**, uno de los geoglifos más desconcertantes del Perú.

Ubicado en el distrito de **Humay**, provincia de **Pisco**, región de **Ica**, este conjunto arqueológico recorre las laderas del cerro con un patrón ondulante. Sus **más de cinco mil cavidades** están dispuestas en hileras paralelas que conservan una continuidad sorprendente, incluso en los tramos más empinados. El ancho varía entre ocho y diecisiete metros, y cada hueco tiene cerca de un metro de diámetro y profundidad semejante.

En su tramo superior, la forma se bifurca, como si la serpiente se dividiera en dos direcciones. Esa doble cabeza ha sido objeto de especulación: algunos la vinculan con principios de dualidad cósmica andina, otros con el flujo del agua o con el trazo de una constelación. Sea cual fuere la interpretación, el hecho concreto es que **no existe en el país otra obra prehispánica que combine esta escala, continuidad y ambigüedad.**

El geoglifo fue fotografiado por primera vez en 1933 por **Robert Shippee**, pionero de la exploración aérea en el Perú. A partir de esa imagen, investigadores de diversas disciplinas han intentado explicar su función: tumbas, depósitos agrícolas, observatorio astronómico, sistema de almacenamiento o ritual hidráulico. Sin embargo, ninguna teoría ha logrado sostenerse con evidencia definitiva.

Caminar por el sitio produce una impresión distinta a la que transmiten los informes. El terreno es seco, el aire inmóvil y las cavidades conservan una regularidad que desconcierta. No hay señales de muros ni estructuras adyacentes; solo una secuencia de huecos que parecen hechos con una intención persistente. Cada cavidad se mantiene independiente, pero el conjunto responde a una lógica común, como si se tratara de una acción prolongada en el tiempo.

Esa constancia revela algo más que técnica: sugiere propósito. No fue una obra improvisada ni efímera. Cada hueco exigió esfuerzo físico, planificación y una idea compartida de continuidad. Y ese sentido de continuidad podría ser, en sí mismo, **el mensaje de la obra.**

La hipótesis más razonable no es necesariamente la más espectacular. Monte Sierpe podría no haber servido para enterrar, almacenar ni observar. Quizás fue el resultado de un proceso ritual sostenido por generaciones, una práctica que convertía el acto de excavar en un gesto de pertenencia al territorio. Cada hueco representaría una contribución, una marca de identidad colectiva, una manera de fijar la presencia humana frente al paisaje cambiante de la quebrada.

No hay señales de violencia ni de monumentalidad impuesta. Todo parece responder a una relación equilibrada entre el hombre y la tierra. El trazo no domina el cerro: lo acompaña. No corta el terreno, sino que sigue su pendiente natural. Esa armonía silenciosa —más cercana al respeto que a la imposición— diferencia a Monte Sierpe de los grandes centros ceremoniales y sugiere una forma distinta de comprender la grandeza: **no como altura, sino como permanencia**.

CAPÍTULO II

El Ritual de los Huecos

Si algo distingue a Monte Sierpe es su persistencia. No hay indicios de que haya sido una obra de un solo momento. Todo en ella apunta a una construcción progresiva, extendida en el tiempo y sostenida por una práctica repetida. No se trata de una gran excavación organizada por una autoridad, sino de una suma de acciones pequeñas que, con el paso de generaciones, dieron forma a una estructura monumental.

Excavar es, ante todo, un acto de voluntad. Quien cava transforma la tierra y deja constancia de su paso. En sociedades antiguas, ese gesto pudo tener significados múltiples: preparar el terreno, delimitar el espacio, pedir fertilidad o rendir homenaje a un ciclo natural. En el caso de Monte Sierpe, cada hueco parece contener una intención individual y a la vez colectiva: **participar en una tarea común que unía esfuerzo y sentido.**

Las evidencias sugieren que la zona experimentó flujos de agua estacionales, huaicos o desplazamientos de lodo provenientes de las partes altas. El contacto directo con esos fenómenos debió marcar profundamente a sus habitantes. No es difícil imaginar que, ante la fuerza imprevisible del agua, los pobladores buscaran una manera de responder. Tal vez cavar fue una forma de enfrentar el desborde; no para detenerlo, sino para **entenderlo y coexistir con él**. El hueco, más que una herramienta, pudo haber sido un símbolo: un modo de reconciliarse con la tierra después del impacto.

No hay restos que indiquen que las cavidades sirvieron para almacenar o enterrar objetos. Tampoco señales de estructuras asociadas a ellas. Esto refuerza la idea de que su valor no radicaba en lo que contenían, sino en **el acto mismo de ser excavadas**. Cada hueco pudo representar una jornada, un pedido, un agradecimiento o una prueba de pertenencia. La continuidad del trazo sugiere que esa práctica se transmitió de generación en generación, sin alterarse sustancialmente. El resultado no fue una figura impuesta, sino una **huella colectiva** en el paisaje.

A diferencia de los grandes templos de piedra o las pirámides ceremoniales, Monte Sierpe no busca imponerse visualmente. Su escala es horizontal, extendida, discreta. Esa horizontalidad tiene un sentido profundo: no pretende elevarse hacia el cielo, sino **dialogar con la superficie**. Es un monumento sin muros, hecho de vacío, donde la forma nace de la ausencia de materia.

El gesto de cavar en seco, sin finalidad utilitaria aparente, puede entenderse como un rito de participación. Cada hueco es una acción que reafirma el vínculo entre el ser humano y su entorno. No hay espectadores, solo ejecutantes. No hay jerarquías, solo repetición ordenada. Y en esa repetición se encuentra el verdadero valor simbólico: **la constancia como forma de fe**.

Es posible que en cada ciclo agrícola o en determinados periodos del año, los miembros de distintas comunidades acudieran al cerro para realizar nuevas excavaciones. No con la intención de concluir la obra, sino de mantenerla viva. El geoglifo, entonces, no sería un objeto terminado, sino **una práctica sostenida**, una forma de mantener activa la relación con la montaña. El tiempo no la destruyó: la consolidó como testimonio de una voluntad compartida.

La serpiente, figura universal de transformación y renovación, encuentra aquí una lectura singular.

En lugar de representarse con líneas o grabados, se manifestó a través de huecos: fragmentos de vacío que, unidos, componen una forma total. Cada cavidad sería una célula del cuerpo mayor, y cada participante, parte de su movimiento. La serpiente no era un dibujo, sino una idea extendida sobre la tierra: **la continuidad de la vida más allá del individuo**.

Monte Sierpe, en esta lectura, no es un misterio que deba resolverse. Es una evidencia de que la civilización andina no solo construía para dominar el entorno, sino también para **dialogar con él a través del gesto**. Un testimonio de cómo el trabajo repetido puede convertirse en símbolo, y cómo la acción colectiva puede dejar una huella más profunda que cualquier piedra tallada.

La dimensión mortuoria del recorrido serpenteante

La lectura ritual de los huecos permite entenderlos como acciones humanas con intención simbólica. Pero este conjunto admite, además, una interpretación de igual fuerza y coherencia: su posible relación con el tránsito entre la vida y la muerte.

En diversas culturas andinas y amazónicas, el territorio no se divide entre "lo vivo" y "lo muerto"; ambos forman un solo continuo. Si consideramos que los primeros asentamientos de Monte Sierpe pudieron incluir zonas destinadas a prácticas mortuorias —como es habitual en sociedades que integran el paisaje a su espiritualidad— entonces la serpiente y sus huecos pueden entenderse como un camino ritual del alma.

La forma ondulante que asciende desde el río —símbolo universal de origen, purificación y retorno— hacia los sectores más elevados del terreno, tradicionalmente asociados al adiós y a la trascendencia, refuerza esta lectura.

En ese ascenso, cada hueco pudo haber funcionado como una estación ceremonial, un punto donde la familia y la comunidad acompañaban simbólicamente el viaje final del ser amado, guiándolo con gestos, rezos o silencios hacia la dimensión que sigue a esta vida.

No serían perforaciones aisladas, sino marcas rituales cuidadosamente dispuestas: un mapa espiritual inscrito en la tierra, una coreografía del último tránsito humano. Un lenguaje territorial que expresa un ciclo completo: **nacer en**

el agua, vivir en la tierra, partir hacia la altura.

Bajo esta mirada, la serpiente deja de ser un diseño geométrico para revelarse como la guardiana del paso, una guía espiritual que acompaña el recorrido desde lo terrenal hacia lo trascendente, manteniendo viva la memoria de una cosmovisión que entendía la muerte no como ruptura, sino como continuidad.

CAPÍTULO III

La Piel del Waracuy

Toda cultura deja una huella en la tierra. Algunas levantan templos, otras trazan caminos o tallan la roca. Monte Sierpe eligió otra forma: **el vacío como presencia**. Su extensión, su constancia y su aparente inutilidad funcional revelan un lenguaje distinto para decir lo mismo que las civilizaciones más monumentales: *"estuvimos aquí"*.

Cada hueco es una marca de tiempo, una respiración detenida en la arena. No se trata de ausencia, sino de una **presencia inversa**: lo que se quitó del suelo permanece en la memoria del paisaje. Ese principio —dar forma mediante la extracción— no es casual. En muchas culturas andinas, la tierra no es un soporte, sino un ser vivo con quien se establece un pacto. Cavar no es romper, sino **tocar**. Y Monte Sierpe podría entenderse como una gigantesca caricia mineral: la piel abierta de un territorio que aceptó ser intervenido bajo un propósito común.

Esa piel ondulante evoca a la serpiente, símbolo que en casi todas las cosmovisiones representa el ciclo, la renovación, el movimiento perpetuo. En los Andes, la serpiente o *amaru* es más que un animal: es un principio de energía que conecta los mundos. Pero en Monte Sierpe, el *amaru* no se dibuja ni se graba: **se excava**. La imagen desaparece en el instante mismo de su creación, y solo el conjunto —visto desde la distancia o desde el aire— revela la figura. Así, la serpiente no existe en cada hueco, sino en la suma de todos ellos. La identidad del *Waracuy* nace del conjunto, no del individuo.

Si aceptamos esa lógica, el significado de la obra cambia por completo. Monte Sierpe deja de ser un enigma arqueológico para convertirse en una **declaración de comunidad**. No es un templo ni un observatorio, sino una manifestación de pertenencia. Un territorio marcado no por el poder, sino por la continuidad. Una cicatriz convertida en símbolo.

La idea de que la tierra pueda ser un cuerpo no es ajena a la tradición andina. Las montañas, los ríos y los valles han sido entendidos como organismos con alma. Trabajar sobre ellos implicaba diálogo, respeto y reciprocidad. En ese marco, Monte Sierpe no sería una ofrenda ni una defensa, sino una **alianza**. Cada hueco sería un gesto de reconocimiento: el ser humano devolviendo a la tierra un poco del tiempo que ella le dio.

Visto así, la llamada "Piel del Waracuy" podría interpretarse como el primer tatuaje colectivo de los Andes. Una marca deliberada que transforma el paisaje en memoria. No busca ser vista desde el espacio, ni impresionar al visitante: existe para permanecer. Y en esa permanencia silenciosa se encuentra su fuerza.

Monte Sierpe no es un misterio irresuelto: es una conversación interrumpida. Una forma de comunicación entre generaciones que aún podemos leer si dejamos de buscar respuestas espectaculares y escuchamos la lógica simple del esfuerzo humano. No todo monumento necesita un propósito práctico ni una explicación religiosa. Algunas obras existen solo para **recordar que fuimos capaces de hacer algo juntos**, y que esa unión —aunque no dejara muros ni templos— también es civilización.

CAPÍTULO IV

Los Tres Planos del Waracuy

La Excavación, la Edificación y la Huella.
Del gesto físico a la creación espiritual.

Toda gran obra humana se sostiene en tres planos: el físico, el estructural y el simbólico. Monte Sierpe los conjuga con una naturalidad que revela una comprensión profunda del territorio y de su sentido ritual.

La Excavación representa el primer plano: el acto. Miles de huecos dispuestos con orden sobre la ladera constituyen una coreografía silenciosa, repetida a lo largo de un tiempo prolongado. Cada vacío fue una decisión, un fragmento de energía humana entregado a la tierra. Pero cavar no era un gesto sin consecuencia: lo que se extraía tenía también un destino.

Es posible que la tierra removida haya sido **parte esencial del ritual,** no un simple residuo. El sedimento oscuro, cargado del contacto con la profundidad, pudo considerarse "tierra viva" o "tierra sagrada", empleada para fabricar adobes, cerámicas o pigmentos. En algunas culturas andinas, el polvo de ciertos cerros era mezclado con agua o ceniza para revestir templos, o para elaborar ídolos domésticos. En Monte Sierpe, cada hueco pudo simbolizar una pequeña ofrenda doble: lo que se abría quedaba como vacío visible, y lo que se extraía se convertía en materia para otro propósito. Así, **la Excavación no era solo un acto topográfico, sino también alquímico.**

La Edificación, en este contexto, no consistía en levantar muros, sino en **trasladar y ordenar**. El valor de la acción no estaba en el hueco aislado, sino en el sistema que surgía al repetirlo. El terreno entero se transformó en una trama, una arquitectura del vacío donde el ritmo y la medida eran la estructura. Algo similar puede observarse en las terrazas agrícolas de Moray o en los círculos concéntricos de los templos preincaicos, donde el espacio esculpido es tan importante como el construido. En Monte Sierpe, la obra no se eleva: **se inscribe**.

La Huella, finalmente, es el plano simbólico. Solo quien observa desde lejos percibe su magnitud, su serpenteo que asciende por la ladera hasta bifurcarse en la cima. Esa forma, visible solo desde el aire o desde el horizonte, es lo que transforma el conjunto en un geoglifo monumental. Pero no fue creada para ser vista: fue creada para ser **hecha**. La mirada no era el objetivo; lo era el acto. La Huella es, en última instancia, la memoria de una interacción entre hombre y tierra donde ambos quedaron modificados: uno, por el esfuerzo; la otra, por la marca.

Monte Sierpe enseña que la verdadera arquitectura no siempre se erige: a veces se excava, se esparce, se lleva consigo. La tierra removida pudo haber viajado a los pueblos cercanos, convertirse en mortero o en símbolo, mientras el cerro quedaba tatuado con su vacío. Esa doble dinámica —lo que se deja y lo que se lleva— podría ser **la esencia del Waracuy**: un rito de reciprocidad entre lo que se ofrece y lo que se obtiene.

Pero hay una posibilidad aún más sugerente: que aquella tierra extraída, más allá de su valor ritual o material, **cumpliera también un papel social** dentro de la comunidad. Podría haber sido parte de un sistema de contribución o sanción. Quizás cada familia debía abrir cierta cantidad de huecos como ofrenda anual, o tal vez los transgresores debían cavar y entregar la tierra al chamán o al templo, como acto de restitución.

Cavar, entonces, podía ser al mismo tiempo trabajo, castigo y redención.

Lo fascinante es que, fuese cual fuese el motivo original —impuesto, penitencia, rito o simple práctica repetida—, **el resultado trascendió la intención inicial.** La suma de esos actos, guiados o no por creencias, terminó generando una de las obras más enigmáticas y poéticas del continente. Es decir: un gesto cotidiano, multiplicado por el tiempo, se convirtió en una creación monumental.

Quizás ahí radique la enseñanza profunda de Monte Sierpe: que la vida humana se enriquece no solo por lo que comprende, sino por lo que hace con constancia. Que la belleza puede surgir incluso de la obligación. Y que toda acción colectiva, por más simple o forzada que parezca, **puede dejar una huella capaz de transformar la historia.**

CAPÍTULO V

El Ritual del Movimiento

El trabajo como forma de oración.
El esfuerzo colectivo convertido en arte y legado.

En toda gran obra humana, el movimiento antecede a la forma. Monte Sierpe es, antes que un diseño, **una secuencia de acciones**. Cada hueco fue el resultado de un cuerpo en desplazamiento, de una fuerza medida, de un ritmo que se repitió durante años. Ese ritmo —constante, disciplinado, silencioso— convierte el acto de cavar en una forma de oración sin palabras.

A diferencia de las civilizaciones que erigieron templos para mirar al cielo, los constructores de Monte Sierpe **rindieron culto al movimiento mismo**. Su ofrenda no fue un edificio, sino una coreografía de gestos humanos. El trabajo compartido reemplazó al canto coral, y la fatiga se volvió ceremonia.

En muchas culturas andinas, el trabajo comunal (*minka*) era más que un esfuerzo productivo: era una forma de pertenencia. El trabajo era vínculo. En Caral, se han encontrado restos de banquetes colectivos junto a zonas de construcción, lo que sugiere que las obras se acompañaban de festividades que reforzaban la cohesión social. En Monte Sierpe, es posible imaginar una dinámica similar: grupos enteros ascendiendo por la ladera, cavando con herramientas rudimentarias, intercalando momentos de pausa donde se compartía alimento, bebida y relato. La obra, en ese sentido, **no era un encargo: era una manera de estar vivos juntos.**

Podemos imaginar una escena: el amanecer tiñe el valle de tonos cobrizos, y decenas de figuras avanzan desde la base del cerro. Cada grupo tiene su zona asignada, su cadencia, su canto breve. No hay un maestro de obra, sino una memoria compartida: todos saben lo que tienen que hacer porque lo han visto hacer desde niños. El sonido de las palas, los golpes rítmicos sobre la tierra seca, forman una música austera. Esa música se repite durante semanas, meses, generaciones. Y un día, sin que nadie lo haya planeado, el cerro queda marcado. El paisaje se convierte en partitura.

El movimiento no es solo físico. También es mental. Cada persona que cava incorpora el conocimiento del ritmo, de la distancia, del peso de la tierra. El cuerpo aprende a medir el mundo sin instrumentos. Esa educación tácita —aprendida con la piel y no con la palabra— fue una de las formas más sofisticadas de transmisión cultural en los Andes. En lugar de libros o escrituras, se legaban **movimientos exactos**: cómo alinear, cómo seguir la pendiente, cómo mantener la proporción. Esa sabiduría, invisible y práctica, permitió que el geoglifo existiera como obra colectiva y no como imposición de un poder central.

El **Ritual del Movimiento** también tenía un sentido espiritual profundo: el de reconciliar la acción humana con el ritmo natural. Cada trazo cavado era una manera de acompasar el cuerpo con la respiración del cerro. No había dominación, sino sincronía. Esa comunión entre energía humana y geografía produce una belleza que no depende del artificio, sino del equilibrio.

En los valles costeros del Perú, existen vestigios de caminos rituales que no llevaban a ningún sitio funcional. Eran sendas que se recorrían para **afirmar el sentido del andar**, no para llegar a un destino. Monte Sierpe pudo ser una de esas sendas transformadas en tierra. Un recorrido colectivo que, con el tiempo, se volvió permanente. Una oración hecha de movimiento.

En esa continuidad está la clave: el Waracuy no se construyó para ser contemplado, sino para ser **recorrido**. Su forma serpenteante sugiere desplazamiento incluso en la quietud. El cerro respira como una criatura dormida que conserva el pulso de quienes lo moldearon.

El trabajo —esa palabra que en el mundo moderno se asocia a sacrificio— aquí es sinónimo de creación. No fue servidumbre ni penitencia: fue arte. Arte entendido no como objeto, sino como *acto que ordena el caos*. Y así como los griegos pulían mármol para revelar la forma oculta en la piedra, los antiguos de Monte Sierpe abrieron la tierra para revelar su movimiento interior.

Hoy, lo que vemos desde el aire no es un resto arqueológico: es la huella de una **coreografía humana a escala monumental**, la prueba de que el arte más antiguo no se colgaba en muros, sino que se caminaba sobre él.

CAPÍTULO VI

El Sentido Ascendente del Monte Sierpe

La doble cabeza del Waracuy.
El tatuaje sobre el cerro como símbolo de identidad y pertenencia.
La ascensión como metáfora del conocimiento y de la humanidad.

Nada en Monte Sierpe es casual, ni siquiera su dirección. El geoglifo **asciende**. Sube por la ladera con una determinación que desconcierta. No es un trazo horizontal, ni un dibujo cerrado: es un camino que trepa, se bifurca, y se disuelve en lo alto. Esa tendencia hacia la elevación encierra una voluntad profundamente humana: **la necesidad de comprender desde la altura sin romper el vínculo con la tierra.**

La ascensión fue un gesto recurrente en muchas culturas prehispánicas. Los templos escalonados de los mochicas o los recintos en terrazas de los incas no eran símbolos de poder vertical, sino **de conexión gradual**: cada nivel representaba un tránsito entre el mundo terrenal y el espiritual. Monte Sierpe parece responder a esa misma lógica, pero de modo inverso:

no construyendo hacia arriba, sino ascendiendo con la montaña. El cerro y el hombre suben juntos. No hay dominación del paisaje, sino integración con él.

Desde su base, el trazo parece una senda; desde el aire, un símbolo. Y en su culminación, el geoglifo se **bifurca**, como si la serpiente tuviera dos cabezas. Esa duplicidad ha intrigado a los investigadores durante décadas. Para algunos, es un error de ejecución; para otros, una decisión deliberada. Desde una mirada simbólica, la doble cabeza puede entenderse como **el equilibrio entre dos fuerzas**: el agua que desciende y la tierra que asciende, el cuerpo que actúa y el espíritu que comprende. Una representación, quizá inconsciente, de la dualidad andina que concebía el universo como un sistema complementario de opuestos.

En muchas culturas ancestrales, las serpientes eran guardianas del tránsito entre mundos. En el altiplano, aparecen talladas en portadas líticas; en los templos costeños, pintadas en frisos con cuerpos ondulantes que simbolizan el flujo del tiempo. Pero Monte Sierpe no es una serpiente dibujada: es una **serpiente excavada**. No representa el movimiento: *es* el movimiento.

Su cuerpo, hecho de huecos, parece respirar cuando la luz del atardecer cambia el ángulo de las sombras. El paisaje entero se convierte en organismo, en piel viva.

Podemos imaginar el momento en que el geoglifo se dio por terminado: las cuadrillas agotadas, los huecos alineados, el silencio cubriendo la ladera. Desde arriba, el cerro debía parecer marcado, pero no herido. Esa marca, que hoy seguimos viendo, funciona como un **tatuaje territorial**: una firma colectiva grabada en la piel de la tierra. En las culturas andinas, tatuar el cuerpo no era un gesto estético sino un pacto de pertenencia. Del mismo modo, tatuar un cerro era un acto de integración: la comunidad se declaraba parte del lugar, no su dueña.

Monte Sierpe es, por tanto, una escritura en relieve. No una escritura fonética ni figurativa, sino **una escritura de desplazamientos**. Cada metro excavado equivale a una palabra no pronunciada, a un pensamiento que se expresa a través del esfuerzo. La montaña se convierte en una página abierta donde el hombre escribe su paso sin tinta.

El sentido ascendente del Waracuy también puede interpretarse como una metáfora del conocimiento.

El hombre comienza en el valle —el lugar de la vida, del agua, del trabajo— y asciende hacia la altura, donde la visión se amplía. Cada paso, cada hueco, es una pregunta abierta. Y la cima no es una meta, sino una pausa: el punto donde se contempla lo hecho y se comprende lo aprendido. Subir, entonces, no es vencer la gravedad, sino **vencer la ignorancia del propio origen**.

A diferencia de las pirámides o las torres, que imponen su verticalidad como testimonio de dominio, Monte Sierpe asciende con humildad. Su grandeza no está en la altura alcanzada, sino en la coherencia entre forma, terreno y propósito. El hombre no pretende elevarse por encima del mundo, sino formar parte de su respiración. El cerro, al aceptar la marca, le devuelve al hombre su lugar en el ciclo.

Quizás por eso, al observarlo hoy, no sentimos que sea un monumento: sentimos que **sigue vivo**. La erosión no lo borra, solo lo matiza; las sombras lo reescriben cada tarde. Y cada viajero que lo contempla repite, sin saberlo, el mismo impulso de quienes lo crearon: **mirar hacia arriba sin dejar de estar abajo**.

Monte Sierpe no enseña a escalar, sino a comprender.

A entender que el ascenso no es conquista, sino correspondencia. Y que la sabiduría verdadera consiste en saber cuándo dejar una marca y cuándo detenerse a contemplarla.

EPÍLOGO

La Huella que Permanece

En la arqueología contemporánea, se ha vuelto casi un reflejo buscar lo asombroso. Cada hallazgo parece necesitar una narrativa grandiosa para justificar su valor: templos astrales, civilizaciones perdidas, portales cósmicos, teorías que rozan la ciencia ficción. Y, sin embargo, en ese intento de descubrir lo extraordinario, olvidamos a menudo lo más prodigioso de todo: **la realidad misma**. La que no necesita adornos para conmover. La que, sin quererlo, revela la grandeza contenida en los gestos más simples.

Monte Sierpe nos devuelve a ese punto de partida. Su misterio no está en lo inexplicable, sino en lo humano. No hay que imaginar dioses ni viajeros celestes: bastan los hombres y mujeres que, con paciencia y tierra seca, levantaron sin levantar una de las obras más intrigantes del continente. Miles de huecos, uno tras otro, trazados por manos anónimas que obedecían a motivos tan diversos como la fe, la costumbre, la obligación o el miedo. Y aun así, de esa aparente dispersión de propósitos, emergió **una unidad**: un trazo que hoy sobrevive al viento, a la erosión y a los siglos.

Esa es, quizá, la mayor enseñanza de Monte Sierpe: que la trascendencia no siempre nace de la intención, sino de la persistencia. Que un acto repetido con sentido —aunque su motivo inicial se pierda— puede convertirse en símbolo de una civilización entera. Y que el arte más profundo no es el que busca perdurar, sino el que simplemente **no desaparece**.

Si imaginamos por un instante a los constructores de Monte Sierpe, los vemos sin nombre, sin jerarquía, sin distinción entre quien ordena y quien obedece. Los une una sola tarea: cavar. Y en esa repetición hay algo más poderoso que cualquier mito: el eco del trabajo humano entendido como comunión, como manera de organizar el mundo sin destruirlo.

Las interpretaciones científicas —necesarias y valiosas— tal vez no lleguen nunca a una verdad definitiva. Pero eso no las invalida. Lo que Monte Sierpe exige no es una respuesta, sino **una mirada distinta**: una que combine el rigor del análisis con la sensibilidad del asombro. Una mirada capaz de aceptar que lo que vemos no es un mensaje cifrado, sino una evidencia de lo que somos: seres que, en su necesidad de ordenar el caos, dejan rastros que el tiempo transforma en arte.

La humanidad de los constructores del Waracuy no se mide por su conocimiento técnico, sino por su capacidad de dejar sentido en lo que hacían. Ellos no buscaron la inmortalidad; la encontraron por accidente. Y en ese accidente hay una lección que trasciende siglos: **lo que permanece no es el monumento, sino la intención compartida que lo hizo posible.**

El eco espiritual de la serpiente

Así como la tierra guarda la forma de la serpiente, también guarda la memoria de quienes la caminaron. En esta lectura, los huecos de Monte Sierpe no son solo gestos rituales ni marcas de trabajo colectivo: son huellas del tránsito humano. Cada perforación podría haber sido un acto de despedida, un pequeño rito para acompañar a un ser querido en su viaje hacia la otra dimensión.

La serpiente, entonces, no sería solo un símbolo de renovación, sino la guía del último recorrido. Un puente entre el agua y la altura, entre el origen y la partida. Un recordatorio de que, para nuestros ancestros, la vida y la muerte eran partes inseparables del mismo camino.

Monte Sierpe sigue allí, respirando bajo el polvo del desierto. No pide ser comprendido:

basta con que sea mirado. Porque en esa contemplación —entre el asombro y la calma— reconocemos que el pasado no está muerto, sino apenas dormido en la memoria del suelo. Y que cada uno de nosotros, al dejar una huella, consciente o no, continúa esa misma cadena de gestos que comenzó hace milenios: la de **dar forma a la tierra para entendernos a nosotros mismos.**

SOBRE EL AUTOR

Fernando Freire Forga (Lima, 1977) es arquitecto e investigador especializado en arquitectura moderna y pensamiento territorial. Graduado por la Universidad Peruana de Ciencias Aplicadas (UPC) y con estudios de doctorado en la ETSAB de Barcelona, ha desarrollado más de un centenar de proyectos y publicaciones que exploran la relación entre forma, paisaje y cultura. Ha sido docente universitario, conferencista y miembro fundador de DOCOMOMO–Perú, dedicando buena parte de su trayectoria al estudio del patrimonio arquitectónico del siglo XX y a la comprensión de los procesos de identidad urbana en América Latina.

En los últimos años, su obra ha evolucionado hacia una búsqueda más amplia: comprender los vínculos entre la creación humana, la memoria colectiva y la dimensión espiritual del territorio. Desde esa perspectiva, su escritura cruza las fronteras entre la arquitectura, la antropología y la literatura. Bajo el seudónimo **Waracuy**, ha publicado una serie de libros que reflexionan sobre la conciencia, la historia y el sentido de civilización, proponiendo un reencuentro entre la razón y la emoción en tiempos de transformación tecnológica.

En *Monte Sierpe – La Huella del Waracuy*, Freire Forga aborda uno de los enigmas más singulares de la arqueología peruana desde un ángulo distinto: no como un intento de descifrar un misterio perdido, sino como una invitación a **reconocer la grandeza silenciosa de lo humano**. Su mirada une precisión y asombro, convicción y duda, ciencia y contemplación. Porque para él, todo conocimiento —si quiere ser verdadero— debe nacer del respeto por la tierra y de la humilde certeza de que aún estamos aprendiendo a escucharla.

Made in the USA
Coppell, TX
28 January 2026

70217000R00026